Die Cocktail Bibel

Das große Cocktail Buch inkl. klassischen und

modernen Rezepten aus aller Welt

[1. Auflage]

Charles Henry

ISBN - 9781799214434

Inhaltsverzeichnis

Einleitung

Der Abend in der Cocktailbar ist einfach viel zu schnell vorbei. Wenn man die Zeit zurückdrehen könnte, wäre dies natürlich die erste Option, um nochmal in eine wundervolle Geschmackswelt versinken zu können.

Genau dies funktioniert: Zwar kann niemand die Zeit wirklich zurückdrehen, aber ein solch unvergesslicher Abend kann immer wieder zu Hause erlebt werden.

Cocktailpartys sind heute kein Problem mehr: Denn es braucht nur die richtigen Rezepte und das gewisse Know-How.

Doch bevor die Welt der Ideen ihre Türen öffnet, gibt es noch ein paar Dinge, die vorher in Erfahrung gebracht werden sollten.

Woher hat der „Cocktail" seinen Namen?

Ins Deutsche übersetzt bedeutet dieses Wort auch „Hahnenschwanz". Es gibt viele Geschichten, die für die Namensgebung verantwortlich sind. Die verbreiteteste Erzählung ist wahrscheinlich die, dass Hahnenkämpfe aus vergangenen Zeiten für die Entstehung verantwortlich waren. Dem Besitzer des Gewinnertieres oblag nämlich ein, für heutige Zeiten, ungewöhnliches Recht. Dieser durfte dem getöteten Hahn die bunten Federn seines Schwanzes ausreißen.

Diese besondere Trophäe aus Federn wurde im Anschluss an die Zeremonie in einem großen Umtrunk gefeiert. Getränke, die während dieser Feier geteilt wurden, bekamen den Namen „Cocktail“

Andere Geschichte wiederum besagen, dass es Getränke gab, die mit einer Hahnenfeder dekoriert waren.

Kurzum: Der Schmuck dieses heute noch immer sehr bekannten und gebrauchten Tieres spielte eine wichtige Rolle für ein Getränk, welches ebenso wichtig und unvergänglich ist.

Welches Equipment und Vorbereitung ist nötig?

Das Talent kann noch so groß und die Zutaten noch so gut ausgewählt sein: Ohne das richtige Equipment gelingt der perfekte Cocktail leider nur schwer. Um die Party so richtig starten und auch mit großem Erfolg ausklingen zu lassen, gibt es ein paar Dinge, die unbedingt vorhanden sein sollten.

1. Das Wissen über die richtigen Cocktails ist in jedem Fall wichtig. Wenn bald eine Party ansteht, sollte unbedingt in Erfahrung gebracht werden, was Freunde und Bekannte mögen. Denn nichts ist deprimierender, als ein Cocktail, der zwar wunderbar gemacht ist, aber einfach den Geschmack nicht trifft.

2. Auch wenn Rezepte noch so verführerisch sind und am besten gleich alles ausprobiert werden möchte, ist es besser, sich auf ein paar Drinks zu konzentrieren, die ungefähr die gleichen Zutaten haben. Ungefähr drei verschiedene Varianten reichen für den Anfang völlig aus und können Talent richtig festigen. Wenn diese ersten Cocktails gut gelingen, kann mit den neuen Sorten begonnen werden.

3. Frisches Obst sollte immer im Haus sein, wenn der große Abend vor der Tür steht. Ananas, Orangen und auch Melone eignen sich für eine schöne

Dekoration am besten. Auch Physalis verleiht dem unvergesslichen Cocktail eine schöne Note.

4. Nichts ist schlimmer, wie ein Drink, der viel zu warm ist. Der Geschmack kann sich nicht richtig entfalten und auch Aromen kommen nicht richtig zur Geltung. Damit der Cocktail also richtig gut schmecken kann ist es wichtig, immer Eis im Haus zu haben. Dieses kann ruhig als kleiner Vorrat im Eisschrank liegen.
5. Spirituosen und Säfte, die auf der Zutatenliste stehen, sollten auf jeden Fall da sein. Doch auch das richtige „Werkzeug" ist wichtig. Unabdingbar ist ein Shaker, ein Stößel (oder ähnliches Gerät zum Zerkleinern der Zutaten), Jigger (spezieller Messbecher) und ein Barsieb. Es gibt noch eine Vielzahl weiterer Utensilien, doch diese können Stück für Stück angeschafft werden. Die Erfahrung wird noch so manches Utensil mit sich bringen. Doch für den richtigen Cocktail reichen die eben aufgezählten auf jeden Fall aus.
6. Übung macht den Meister. Um auf Nummer Sicher zu gehen, empfiehlt es sich, schon vor dem besagten Abend ein paar Drinks zu mixen. Ganz bestimmt lassen sich Freunde finden, die gerne die ersten Gehversuche probieren. Hier ist es auch ganz sicher nicht schlimm, wenn ein Cocktail mal nicht so schmeckt, wie es das Rezept verspricht. Stößt die Probe auf Zufriedenheit, kann der lange ersehnte Abend ruhig kommen!

Weitere Tipps für einen guten Start

Das richtige Equipment ist besorgt und auch die Feier steht schon fest im Terminplan. Doch es gibt noch ein paar andere Dinge, die unbedingt beachtet werden sollten. Das Motto: „Weniger ist manchmal mehr", bekommt beim Mischen von Cocktails eine ganz neue Bedeutung. Auch cremige Genüsse müssen kein Schaumtraum bleiben.

Dies und noch mehr ist Garant für einen wundervollen Abend.

Wie wird der Cocktail richtig schön cremig?

Es gibt nichts Besseres als einen Cocktail, der richtig schön lecker und cremig ist? Das ist gar nicht so schwer. Das Zauberwort heißt Sahne! Diese, den Zutaten zugefügt, sorgt für ein schaumiges Erlebnis der ganz besonderen Art. Schon 2 cl reichen völlig aus. Diese ebenfalls in den Shaker gefüllt und ungefähr 15 Sekunden geschüttelt, überzeugen sofort.

Das Mischen in einem Elektromixer funktioniert ebenfalls sehr gut.

Sind Eiswürfel wirklich wichtig?

Ja, das sind sie. Ohne diese „Zutaten“ kann der schönste Cocktail schnell ein kleines Desaster werden. Eiswürfel werden für den Shaker benötigt, um dort die Flüssigkeiten zu mixen. Nur so können sich die Zutaten wirklich optimal verbinden. Auch die jeweiligen Gläser werden mit diesen kalten Würfeln gefüllt, um das Getränk auf die richtige Temperatur zu bringen. Diese sollten, nach Möglichkeit, schon im Glas liegen, bevor die Mischung durch das Barsieb gegeben wird.

Manchmal wird aber auch Crushed Eis verlangt. Dieses wird z.B. für Caipirinha oder auch zum Vorkühlen der Gläser benötigt. Es wird extra auf Rezepten ausgewiesen oder kann auch selbst einfach genutzt werden.

Welche Gläser sind wirklich wichtig?

Gerade zu Beginn ist es nicht möglich, alle Gläser zu besitzen. Es reichen aber ungefähr drei verschiedene Arten für den Anfang völlig aus.

Dies wäre der Tumbler. Dieser eignet sich am besten für den Mojito oder auch dem Whiskey Sour.

Auch ein Fancyglas sollte unbedingt vorhanden sein. Es ist typisch für die meisten Cocktails und wird für fruchtige Varianten und auch Coladas verwendet.

Das Longdrinkglas gehört ebenfalls zum festen Inventar. Es findet beim Cuba Libre oder auch beim Gin Tonic Anwendung.

Auf die Haltbarkeit der Zutaten achten!

Auch wenn es Spaß macht, so kann nicht jeden Tag die große Cocktailparty gefeiert werden. So kann es passieren, dass Zutaten irgendwann, unbemerkt verderben können. Doch die gute Nachricht: Die meisten halten sehr lange!

Säfte können z.B. ungefähr drei Wochen im Kühlschrank halten. Auch Sirup sollte gekühlt aufbewahrt werden und hat eine sehr lange Haltbarkeit. Der große Zuckeranteil ist dafür verantwortlich. Liköre können über ein Jahr halten. Wenn sie Sahne enthalten, sollten sie auch unbedingt im Kühlschrank aufbewahrt werden. Spirituosen können ebenfalls sehr lange geöffnet stehen bleiben. Es ist nur darauf zu achten, dass die Flaschen keinem direkten Sonnenlicht ausgesetzt werden.

Kann Dekoration auch zu viel sein?

Diese Frage kann ganz klar mit einem „Ja“ beantwortet werden. Auch wenn der Cocktail so schön bunt aussieht, lieber nicht übertreiben. Denn schließlich geht es um das Trinken, und nicht um das Essen!

Alkohol gut einteilen!

Auch wenn es verlockend ist: Mit dem Alkohol sollte es nicht übertrieben werden. Denn gerade bei einem Cocktail schmeckt dieser nicht gerade voranging heraus und ist aus diesem Grund auch sehr heimtückisch. Schnell kann man sich überschätzen und so kann nach dem zweiten Drink schon Schluss sein!

Die Menge macht es also und diese sollte nicht über 8 cl liegen. Denn schließlich steht das Anregen des Gemüts im Vordergrund und nicht das Betrunken sein.

Jetzt steht dem gelungenen Abend nichts mehr im Weg. Mit diesen Tipps und Hinweisen geht garantiert nichts schief und die gemeinsamen Stunden werden noch lange in Erinnerung bleiben.

In diesem Sinne: Cheers!

Wodka Cocktails

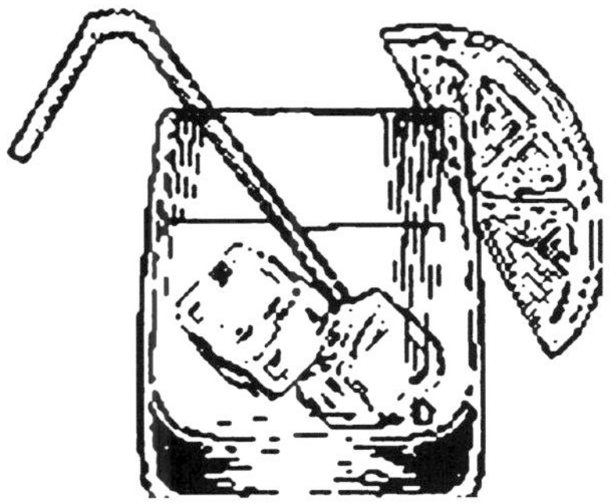

Cosmopliton

Zeit: 10 Minuten | Menge: 1 Glas

Zutaten:

- 2 Wodka
- 1 cl Saft von Limetten
- 1 cl Cointreau
- 3 cl Cranberrysaft
- Limettenspalte (zur Garnierung)
- Eiswürfel

Zubereitung:

1. Den Wodka, zusammen mit Cointreau, Limetten-, Cranberrysaft in den Shaker geben, der bereits mit Eiswürfeln gefüllt ist.
2. Diesen jetzt gut schütteln und die fertige Mischung ins Glas seihen.
3. Zur Dekoration kann der Cocktail mit einer Limettenspalte verschönert werden.

Wodka Apple

Zeit: 3 Minuten | Menge 1 Glas

Zutaten:

- 50 ml Wodka
- 180 ml Apfelsaft
- 5 Eiswürfel
- Apfelspalte / Zimtstange

Zubereitung:

1. Die Eiswürfel in ein Glas schütten.
2. Apfelsaft und Wodka gut verrühren und in das ausgewählte Gefäß gießen.
3. Die Apfelspalte dient zur Garnitur. Eine Stange Zimt kann ebenfalls dafür verwendet werden.

Screwdriver

Zeit: 3 Minuten | Menge: 1 Glas

Zutaten:

- 5 cl Wodka
- 100 ml frischer Saft von Orangen
- Orangenschale
- Eiswürfel

Zubereitung:

1. Ein Glas zum Rühren wählen und Eiswürfel hineingeben.
2. Orangensaft und Wodka über diese gießen und verrühren.
3. In ein Longdrinkglas frische Eiswürfel füllen und Gemisch durch ein Sieb gießen. Alles nochmal verrühren.
4. Als Dekoration die Orangenschale verwenden.

Road Runner

Zeit: 3 Minuten | Menge: 1 Glas

Zutaten:

- 4 cl Wodka
- 2 cl Amaretto
- 2 cl Sahne
- 2 cl Cocoscreme
- Eiswürfel

Zubereitung:

1. Zutaten im Mixer gut vermengen.
2. Danach Eiswürfel, zusammen mit der Mischung in den Shaker schütten und gut schütteln.
3. Die fertige Mischung in eine Cocktailschale seihen und genießen!

Touch Down

Zeit: 5 Minuten | Menge: 1 Glas

Zutaten:

- 4 cl Wodka
- 2 cl Apricot Brandy
- 1 cl Crenadine
- 10 cl Maracujasaft
- 2 cl Zitronensaft
- Eiswürfel

Zubereitung:

1. Zutaten, bis auf den Likör der Grenadine mit etwas Eis in einen Shaker geben und kräftig schütteln.
2. Im Anschluss Eiswürfel in ein Glas füllen und Inhalt des Shakers hineinseihen.
3. Zuletzt vorsichtig die Grenadine hinzufügen und leicht verrühren!

Wodka Julep

Zeit: 3 Minuten | Menge: 1 Glas

Zutaten:

- 5 cl Wodka
- 2 cl Zuckersirup
- Minzblätter
- Eiswürfel

Zubereitung:

1. Zuerst den Zuckersirup in ein Saftglas füllen.
2. Ein paar Minzblätter hinzugeben und zerdrücken (Kaffeelöffel eignet sich sehr gut).
3. Jetzt das Saftglas mit Eiswürfel füllen und Wodka hineingießen.
4. Verrühren, und die nochmals ein paar Minzblätter zur Garnierung verwenden.

Wodka Cooler

Zeit: 4 Minuten | Menge: 1 Glas

Zutaten:

- 5 cl Wodka
- 3 cl Zitronensaft
- 2 cl Zuckersirup
- 5 cl Ginger Ale (nach Geschmack)
- Eiswürfel

Zubereitung:

1. Ein Longdrinkglas bereitstellen mit ein paar Eiswürfeln befüllen.
2. Als nächstes auch ein Glas mit ein wenig Eis befüllen und Wodka, Zuckersirup und den Zitronensaft hinzugeben. Alles verrühren.
3. Alles in das Longdrinkglas seihen und nach Belieben Ginger Ale hinzugeben.

Wodka Sling

Zeit: 3 Minuten | Menge: 1 Glas

Zutaten:

- 5 cl Wodka
- 2 cl Zuckersirup
- 3 cl Zitronensaft
- Etwas Mineralwasser (still)
- Eiswürfel

Zubereitung:

1. Zitronensaft mit Wodka, Zuckersirup und ein paar Eiswürfeln in ein kleines Glas geben.
2. Ordentlich verrühren und alles, in ein großes Glas, durch ein Sieb geben.
3. Jetzt das übrige Eis hinzugeben und Gemisch mit Mineralwasser aufgießen.

Wodka Fizz

Zeit: 4 Minuten | Menge: 1 Glas

Zutaten:

- 5 cl Wodka
- 3 cl Zitronensaft
- 2 cl Zuckersirup
- Sodawasser
- Eiswürfel

Zubereitung:

1. Wodka, Zuckersirup und auch den Zitronensaft in den Shaker geben. Eiswürfel ebenfalls hinzu und gut schütteln.
2. Die Mischung in das gewählte Longdrinkglas seihen und Sodawasser, nach Geschmack, hinzugießen.

Wodka Tonic

Zeit: 3 Minuten | Menge: 1 Glas

Zutaten:

- 4 cl Wodka
- ca. 100 ml Tonic
- Eiswürfel

Zubereitung:

1. Wodka in einem Glas, zusammen mit einer kleinen Menge an Eiswürfeln, so lange rühren, bis er kalt ist.
2. Im Anschluss in ein großes Glas seihen.
3. Jetzt Tonic in der gewünschten Menge hinzugeben und mit dem restlichen Eis auffüllen.

Bloody Mary

Zeit: 3 Minuten | Menge: 1 Glas

Zutaten:

- 5 cl Wodka
- 12 cl Tomatensaft
- 1 cl Zitronensaft
- Frischer Pfeffer
- Selleriesalz
- Ein wenig Tabasco
- Worcestershire
- Eiswürfel

Zubereitung:

1. Zitronensaft und Wodka, zusammen mit den Gewürzen in ein Glas geben. Dieses sollte bereits mit Eiswürfeln gefüllt sein.
2. Zum Schluss den Tomatensaft hinzu und alles gut verrühren.

Springtime Cooler

Zeit: 3 Minuten | Menge: 1 Glas

Zutaten:

- 4 cl Wodka
- 2 cl Curacao Blue
- 1 cl Zuckersirup
- 3 cl Zitronensaft
- 6 cl Orangensaft
- Eiswürfel
- Früchte zur Garnitur

Zubereitung:

1. Zutaten mit ein bisschen Eis in einen Shaker geben und gut schütteln.
2. Im Anschluss in ein fertiges Longdrinkglas, auf beliebig viele Eiswürfel, seihen.
3. Wer Garnierung mag, ist mit Früchten sehr gut beraten.

Gin Cocktails

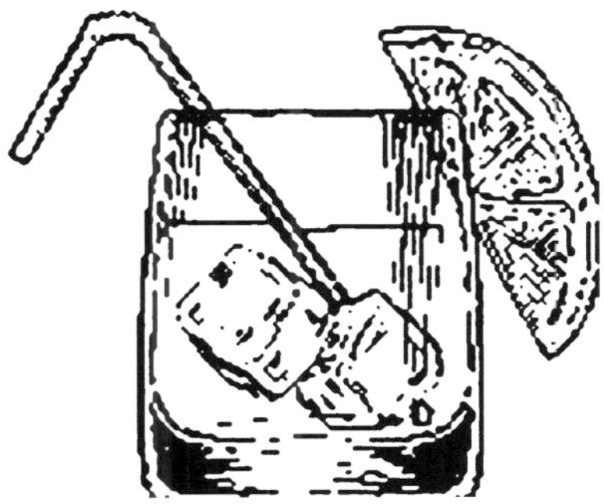

Big Ben

Zeit: 4 Minuten | Menge: 1 Glas

Zutaten:

- 5 cl Gin
- 1 cl Grenadine
- 4 cl Orangensaft
- 2 cl Zitronensaft
- Bitter Lemon
- Eiswürfel

Zubereitung:

1. Zutaten, außer auf Bitter Lemon, zusammen mit den Eiswürfeln in einen Shaker geben und diesen sehr kräftig schütteln.
2. Im Anschluss in ein vorbereitetes Longdrinkglas seihen.
3. Zum Schluss mit Bitter Lemon, nach Geschmack, auffüllen.

White Lady

Zeit: 2 Minuten | Menge: 1 Glas

Zutaten:

- 4 cl Gin
- 2 cl Cointreau
- 2 cl Zitronensaft
- Eiswürfel

Zubereitung:

1. Eiswürfel in den Shaker, zusammen mit Gin, Zitronensaft und Cointreau geben.
2. Nach gutem Schütteln in eine Cocktailschale schütten und genießen!

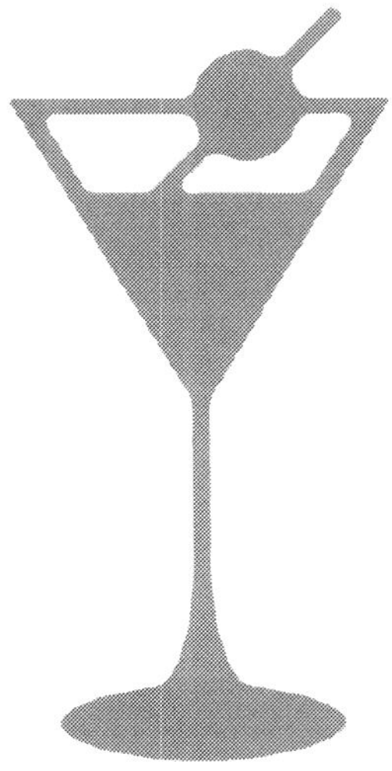

Orange Fizz

Zeit: 3 Minuten | Menge: 1 Glas

Zutaten:

- 5 cl Gin
- 5 cl Orangensaft
- 2 cl Zitronensaft
- 1 cl Zuckersirup
- ein wenig Sodawasser
- Eiswürfel

Zubereitung:

1. Zutaten genau abmessen, außer das Sodawasser, und zusammen mit den Eiswürfeln in den Shaker geben. Diesen dann kräftig schütteln.
2. Im Anschluss in ein Glas seihen.
3. Nach Belieben und Sodawasser auffüllen.

Red Snapper

Zeit: 5 Minuten | Menge: 1 Glas

Zutaten:

- 5 cl Gin
- 12 cl Tomatensaft
- 1 cl Zitronensaft
- Worchestersauce
- Frischer Pfeffer
- Ein wenig Tabasco
- Salz
- Eiswürfel

Zubereitung:

1. Alle Gewürze und Zutaten, bis auf den Tomatensaft direkt in ein Glas geben.
2. Eiswürfel ebenfalls hinzufügen.
3. Zum Schluss mit Tomatensaft auffüllen und ordentlich verrühren.

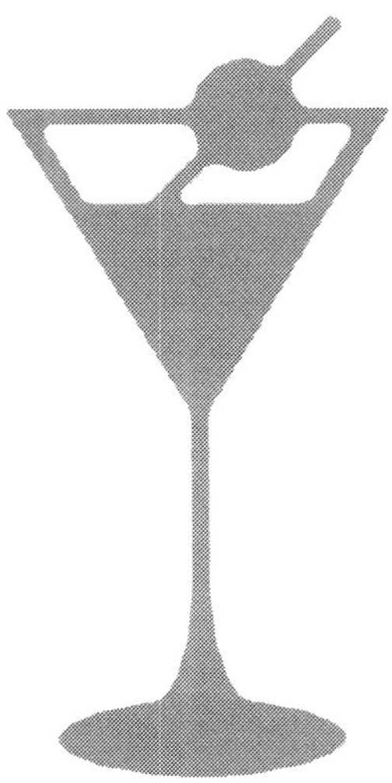

Golden Fizz

Zeit: 4 Minuten | Menge: 1 Glas

Zutaten:

- 5 cl Gin
- 2 cl Zuckersirup
- Eigelb
- 3 cl Zitronen
- etwas Sodawasser
- Eiswürfel

Zubereitung:

1. Abgemessene Zutaten, bis auf das Sodawasser, mit den Eiswürfeln gut in einem Shaker schütteln.
2. Die Mischung in ein Glas abseihen.
3. Im Anschluss mit der beliebigen Menge Sodawasser auffüllen.

Gin Fizz

Zeit: 5 Minuten | Menge: 1 Glas

Zutaten:

- 5 cl Gin
- 3 cl Zitronensaft
- 2 cl Zuckersirup
- etwas Sodawasser
- Eiswürfel

Zubereitung:

1. Eiswürfel, Zitronensaft, Gin und Zuckersirup in den Shaker füllen und sehr gut schütteln.
2. Die gesamte Mischung in ein ausgewähltes Glas seihen.
3. Zum Schluss mit der gewünschten Menge Sodawasser auffüllen und sofort genießen!

Martini Cocktail

Zeit: 4 Minuten | Menge: 1 Glas

Zutaten:

- 5 cl Gin (Dry)
- 1 cl Vermouth Dry
- Grüne Olive (Garnierung)
- Eiswürfel

Zubereitung:

1. Ein gut gekühltes Martiniglas bereitstellen.
2. Jetzt ein Glas zum Rühren wählen. Ist dieses gefunden, alle Zutaten hineinfüllen und gut verrühren.
3. Dann in ein Martiniglas abseihen.
4. Zur Dekoration eine grüne Olive verwenden. Diese wird direkt in das Glas gelegt.

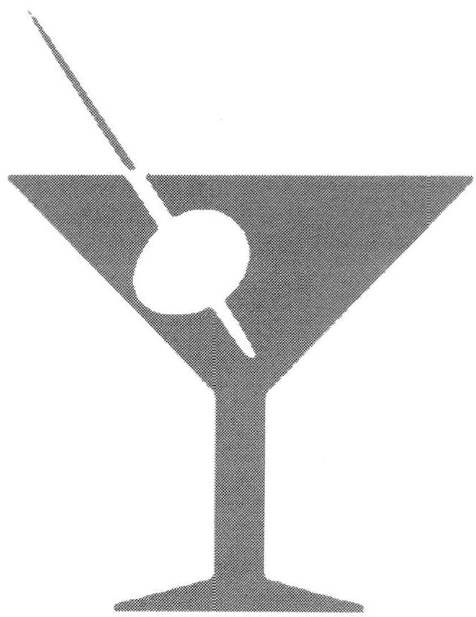

Tom Collins

Zeit: 4 Minuten | Menge: 1 Glas

Zutaten:

- 5 cl Gin
- 3 cl Zitronensaft
- 2 cl Zuckersirup
- ein wenig Sodawasser
- Zitronenscheibe / Cocktailkirsche
- Eiswürfel

Zubereitung:

1. Gin, Zitrone, Zuckersirup und Eiswürfel in einem geeigneten Behältnis gut verrühren.
2. Im Anschluss, nach Geschmack, mit Soda auffüllen.
3. Zur Dekoration kann eine Scheibe Zitrone verwendet und eine Kirsche ins Glas gelegt werden.

Singapur Sling

Zeit: 5 Minuten | Menge: 1 Glas

Zutaten:

- 4 cl Gin
- 2 cl Brandy
- 1 cl Grenadine
- 3 cl Zitronensaft
- etwas Sodawasser
- Zitronenscheibe / Kirsche
- Eiswürfel

Zubereitung:

1. Alle Zutaten, bis auf das Sodawasser, gut in einem Shaker schütteln.
2. Im Anschluss in ein Glas gießen und mit einer beliebigen Menge Eiswürfeln abseihen.
3. Jetzt Sodawasser zum Auffüllen verwenden.
4. Eine Zitronenscheibe und Cocktailkirsche können als Garnitur dienen.

Clover Club

Zeit: 6 Minuten | Menge: 1 Glas

Zutaten:

- 6 cl Gin
- 1 cl Himbeersirup
- 3 cl Zitronensaft
- Himbeeren
- Eiweiß
- Eiswürfel

Zubereitung:

1. Zutaten, ohne Eiswürfel, in einen Shaker geben. Denn nur so kann auch der Schaum des Eiweißes entstehen.
2. Nach einer Minute die Eiswürfel hinzugeben und nochmal kurz und sehr gut schütteln.
3. Im Anschluss alles in eine ausgesuchte Cocktailschale abseihen.
4. Nach Geschmack mit Himbeeren garnieren und genießen!

Gin Buck

Zeit: 3 Minuten | Menge: 1 Glas

Zutaten:

- 2 cl Gin
- 12 cl Ginger Ale (nach Geschmack kann die Menge variieren)
- 2 cl Zitronensaft
- Zitronenspalte
- Eiswürfel

Zubereitung:

1. Eiswürfel in ein „Gin-Buck-Glas“ geben.
2. Zitronensaft jetzt direkt in das Glas schütten.
3. Im Anschluss Ginger Ale abmessen, auffüllen und dazugeben.
4. Als schöne Garnitur kann eine Zitronenspalte am Rand oder im Glas dienen.

Gin Basil Smash

Zeit: 6 Minuten | Menge: 1 Glas

Zutaten:

- 6 cl Gin
- 2 cl Zuckersirup
- ca. 15 Basilikumblätter
- 2 cl Zitronensaft
- Eiswürfel

Zubereitung:

1. Zuckersirup mit Basilikum in den Shaker geben und dort beide Zutaten mit Stößel oder ähnlichem Werkzeug zerkleinern und leicht vermengen.
2. Im Anschluss Gin, Zitronensaft und ein paar Eiswürfel einfüllen und gut schütteln.
3. Jetzt durch ein normales Sieb und nachher durch ein feineres Sieb seihen und in ein Cocktailglas gießen.
4. Zur Garnitur ein paar Basilikumblätter verwenden und einen Strohhalm zum Trinken verwenden.

Rum Cocktails

Pina Colada

Zeit: 5 Minuten | Menge: 1 Glas

Zutaten:

- 6 cl weißer Rum
- 6 cl Cocoscreme
- 100 ml Ananassaft
- 2 cl Sahne (nach Geschmack)
- Eiswürfel

Zubereitung:

1. Rum, Saft und Creme mit einem Mixer schaumig schlagen.
2. Eiswürfel in ein Longdrinkglas geben (zur Hälfte).
3. Die Zutatenmischung durch ein Sieb schütten und in ein ausgesuchtes Glas seihen.
4. Nach Belieben kann auch 2 cl Sahne in den Cocktail gemischt werden.

Golden Gate Sling

Zeit: 5 Minuten | Menge: 1 Glas

Zutaten:

- 3 cl weißer Rum
- 2 cl Grenadine
- 3 cl Zitronensaft
- 3 cl Cointreau
- Bitterorange
- Eiswürfel

Zubereitung:

1. Alle abgemessenen Zutaten, außer die Bitterorange, in einen Eis gefüllten Shaker geben und sehr gut schütteln.
2. Eis auch in ein Longdrinkglas schütten und die Mischung in dieses abseihen.
3. Danach mit Bitterorange auffüllen.
4. Als Garnitur einen Zitronenschieben oder auch Kirschen verwenden. Viel Spaß beim Genießen!

Banana Royal

Zeit: 5 Minuten | Menge: 1 Glas

Zutaten:

- 5 cl brauner Rum
- 2 cl Sahne
- 8 cl Ananassaft
- Halbe Banane
- 4 cl Cocoscreme
- Früchte zur Garnitur
- Eiswürfel

Zubereitung:

1. Alle Zutaten in ein Behältnis geben und mit Mixer vorsichtig, aber gut zerkleinern und vermischen.
2. Das Gemisch in einen Shaker gießen und die gewünschte Menge Eiswürfel hinzugeben.
3. Alles gut schütteln und in das wartende Longdrinkglas seihen. Auch hier nicht die Eiswürfel vergessen!
4. Nach Geschmack mit Früchten der Wahl dekorieren.

Mai Tai

Zeit: 3 Minuten | Menge: 1 Glas

Zutaten:

- 2 cl brauner Rum
- 2 cl weißer Rum
- 1 cl Limettensaft
- 1 cl Curacao Tripple Sec
- 3 cl Ananassaft
- 3 cl Orangensaft
- etwas Grenadinesirup
- Eiswürfel

Zubereitung:

1. Alles Zutaten abmessen und in ein Rührglas geben.
2. Dort gut vermengen und anschließend durch ein Barsieb in ein bereitgestelltes Longdrinkglas mit Eiswürfeln seihen.

Pineapple Fizz

Zeit: 3 Minuten | Menge: 1 Glas

Zutaten:

- 5 cl weißer Rum
- 6 cl Ananassaft
- 3 cl Zitronensaft
- 2 cl Zuckersirup
- Sodawasser
- Eiswürfel

Zubereitung:

1. Alle Zutaten, samt Eiswürfeln aber ohne das Sodawasser in einen Shaker füllen und sehr gut schütteln.
2. Danach alles in ein Glas abseihen und mit dem Sodawasser nach Belieben auffüllen.

Cuba Libre

Zeit: 4 Minuten | Menge: 1 Glas

Zutaten:

- 6 cl weißer Rum (am besten Havanna Club)
- 100 ml Cola
- Eiswürfel
- halbe Limette zum Auspressen
- Limettenspalten

Zubereitung:

1. Die Limette auspressen (Zitrone geht auch).
2. Dann den Rum hinzugeben und verrühren.
3. Jetzt die Eiswürfel in das Glas geben und nach Belieben auch ein paar Limettenscheiben hineinlegen.
4. Cola hineingießen und alles vorsichtig verrühren.

Cubanito

Zeit: 5 Minuten | Menge: 1 Glas

Zutaten:

- 5 cl weißer Rum
- 12 cl Tomatensaft
- 1 cl Zitronensaft
- Pfeffer
- Selleriesalz
- zwei Spritzer Tabasco
- etwas Worcestershire
- Eiswürfel

Zubereitung:

1. Ein Longdrinkglas bereitstellen und mit den Eiswürfeln befüllen.
2. Dann die Gewürze darauf geben. Zitronensaft hinzu und den Rum darüber gießen.
3. Mit Tomatensaft auffüllen und alles sehr gut verrühren, damit sich der Geschmack entfalten kann.

Planters Punch

Zeit: 6 Minuten | Menge: 1 Glas

Zutaten:

- 5 cl brauner Rum
- nach Belieben Zuckersirup
- 100 ml Orangensaft
- 2 cl Sodawasser
- Saft von einer halben Limette (Zitrone ersatzweise)
- Eiswürfel

Zubereitung:

1. Zuerst Orangen- und Limettensaft in den Shaker füllen und kurz verrühren.
2. Im Anschluss den Zuckersirup hinzu. Die Menge darf hier nach Geschmack variieren.
3. Rum und Eiswürfel dazu und gut schütteln. Ein gutes Zeichen zum Aufhören ist es, wenn der Shaker beschlägt.
4. Die gesamte Mischung in ein Longdrinkglas seihen und mit ein bisschen Sodawasser strecken.

Daiquiri

Zeit: 4 Minuten | Menge: 1 Glas

Zutaten:

- 5 cl weißer Rum
- 0,5 TL Zuckersirup
- 1,5 TL Limettensaft
- Eiswürfel

Zubereitung:

1. Zuerst sollte das Cocktailglas im Gefrierfach gut gekühlt werden.
2. Einen Shaker mit den abgemessenen Zutaten befüllen und diesen gut schütteln.
3. Das Glas aus dem Eisschrank nehmen, mit Eiswürfel befüllen und die Mischung hineinseihen.
4. Kleiner Tipp: Dieser Cocktail kann mit vielen Früchten verfeinert werden.

Hurricane

Zeit: 5 Minuten | Menge: 1 Glas

Zutaten:

- 2 cl weißer Rum
- 3 cl brauner Rum (Jamaica)
- 2 cl Limettensaft
- 3 cl Orangensaft
- 1 cl Zuckersirup
- 3 cl Maracujasaft
- 0,5 cl Grenadine
- Früchte für Garnitur
- Eiswürfel

Zubereitung:

1. Alle Zutaten genau abmessen und in einen Shaker gießen.
2. Danach wird diesen noch mit Eiswürfeln befüllen und alles gut schütteln.
3. Jetzt ein Longdrinkglas bereitstellen und die fertige Mischung in dieses abseihen.
4. Zum Schluss kann der Cocktail noch mit Früchten oder einer Cocktailkirsche garniert werden. Ein Strohhalm rundet das Bild ab.

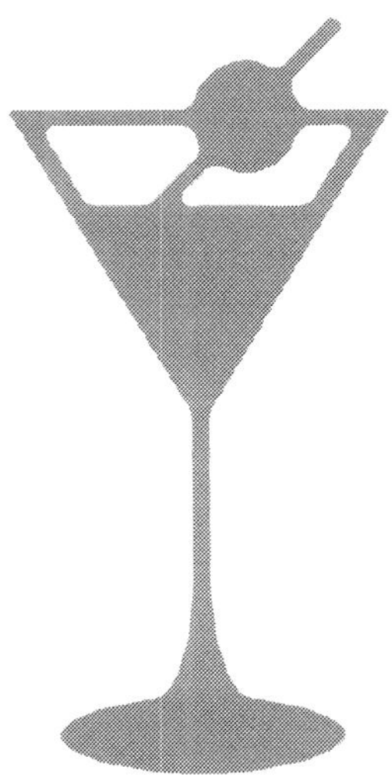

Zombie

Zeit: 7 Minuten | Menge: 1 Glas

Zutaten:

- 4 cl weißer Rum
- 4 cl brauner Rum
- 2 cl Jamaica Rum
- 2 cl Cointreau
- 2 cl Grenadine
- 4 cl Orangensaft
- 2 cl Maracujasirup
- 4 cl Zitronensaft
- 4 cl Ananassaft
- Ananas / Minze / Cocktailkirsche (Garnitur)
- Eiswürfel

Zubereitung:

1. Alle Zutaten gut abmessen und in den Shaker füllen. Diesen kräftig schütteln, damit sich alles gut vermischen kann.
2. Ein Glas bis zur Hälfte mit Eiswürfel füllen und das Gemisch dort hineinseihen.
3. Als Garnitur kann eine Ananas, Minze oder auch eine Cocktailkirsche verwendet werden.

Chrismas Punch

(nicht zur in der kalten Jahreszeit)

Zeit: 4 Minuten | Menge: 1 Glas

Zutaten:

- 4 cl weißer Rum
- 1 cl Zuckersirup
- 1,5 cl Cranberrynektar
- 2 cl Kirschsaft
- Ginger Ale (Menge nach Belieben)
- Ingwer und Piment
- Kirschen und Zimtstange als Dekoration
- Eiswürfel

Zubereitung:

1. Alle Zutaten, bis auf das Ginger Ale, in einen Shaker geben. 3 Scheiben Ingwer und 2 Stücke Piment sollten genügen.
2. Shaker kräftig schütteln.
3. Die Mischung zweimal in ein Glas abseihen, damit auch wirklich keine Stücke zurückbleiben.
4. Im Anschluss mit Ginger Ale begießen.
5. Als Dekoration eignen sich z.B. Kirschen oder eine Zimtstange sehr gut!

Whiskey Cocktails

Scotch Cherry

Zeit: 5 Minuten | Menge: 1 Glas

Zutaten:

- 4 cl Scotch Whiskey
- 2 cl Zitronensaft
- 2 cl Kirschlikör (Brandy Cherry)
- 2 cl Orangensaft
- Viertel einer Zitrone
- Zucker
- Eiswürfel

Zubereitung:

1. Zuerst eine Zitrone vierteln und diese über den Rand des Cocktailglases ziehen. Diese umdrehen und in eine Schale mit Zucker stellen.
2. Im Anschluss alle Zutaten, mit Eiswürfeln, in einen Shaker und diesen kräftig schütten.
3. Die gesamte Mischung in das vorbereitete Glas seihen.

Horse´s Neck

Zeit: 3 Minuten | Menge: 1 Glas

Zutaten:

- 6 cl Whiskey
- 100 ml Ginger Ale (Menge nach Geschmack)
- Dünne Streifen der Schale einer Zitrone
- Eiswürfel

Zubereitung:

1. Eiswürfel in ein Glas schütten (es sollte bauchig sein).
2. Dann mit Whiskey übergießen und mit beliebiger Menge Ginger Ale auffüllen.
3. Zum Schluss die abgeschälte Zitronenschale vorsichtig ans Glas legen!

Louisiana

Zeit: 3 Minuten | Menge: 1 Glas

Zutaten:

- 4,5 cl Whiskey
- 1,5 cl Vermouth Dry
- 2 cl Southern Comfort
- 4,5 cl Zitronensaft
- 3 cl Orangensaft
- 1,5 cl Pfirsichsaft
- Eiswürfel

Zubereitung:

1. Alle Zutaten sehr gut abmessen und in einem Glas verrühren.
2. Jetzt alles in das Longdrinkglas abseihen und schon genießen!
3. Garnitur kann nach Wahl mit Früchten erfolgen!

Affinity

Zeit: 5 Minuten | Menge: 1 Glas

Zutaten:

- 3 cl Whiskey
- 1,5 cl Vermouth Dry
- 1,5 cl Vermouth Rosso
- 2 Tropfen Angostura
- Eiswürfel

Zubereitung:

1. Zuerst ein Glas mit Eiswürfel befüllen und dort den Whiskey hineinlaufen lassen.
2. Vermouth Dry und Rosso und die Tropfen des Angostura hinzufügen.
3. Jetzt alles gut umrühren, durch ein Sieb geben und ein geeignetes Glas abseihen.

Scotch Sour

Zeit: 4 Minuten | Menge: 1 Glas

Zutaten:

- 5 cl Scotch Whiskey
- 2 cl Zuckersirup
- 3 cl Zitronensaft
- Cocktailkirsche / Orange (Garnitur)
- Eiswürfel

Zubereitung:

1. Eiswürfel und alle anderen abgemessenen Zutaten in einen Shaker geben und sehr kräftig schütteln.
2. Jetzt ein Stielglas bereitstellen und die Mischung vorsichtig in dieses abseihen.
3. Nach Belieben den Cocktail mit einer Kirsche oder der Scheibe einer Orange garnieren.

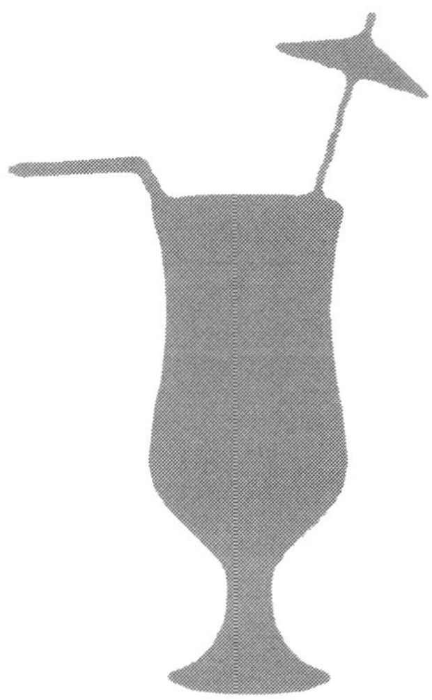

Boston Flip

Zeit: 3 Minuten | Menge: 1 Glas

Zutaten:

- 3 cl Canadian Whiskey
- 1 cl Zuckersirup
- 2 cl Portwein (rot)
- 1 Eigelb
- 2 cl Sahne
- Muskat
- Eiswürfel

Zubereitung:

1. Alles in den bereitgestellten Shaker geben und sehr gut schütteln und in das Flipglas (ein Sektkelch geht auch) geben.
2. Mit Muskat bestreuen.

Mint Julep

Zeit: 5 Minuten | Menge: 1 Glas

Zutaten:

- 6 cl Whiskey
- 10 Minzblätter
- 4 cl Sodawasser
- 1 Zuckerwürfel
- Eiswürfel (4 EL)

Zubereitung:

1. Minze und Zucker zusammen in ein Glas geben und mit Löffel oder Stößel gut zerdrücken.
2. Jetzt den abgemessenen Whisky darüber fließen lassen und vorsichtig umrühren. Der Zucker muss sich gänzlich auflösen.
3. Mit den Eiswürfeln auffüllen und nochmals vorsichtig verrühren, bis das Glas beschläft.
4. Sodawasser hinzufügen (Menge kann nach Geschmack variieren)

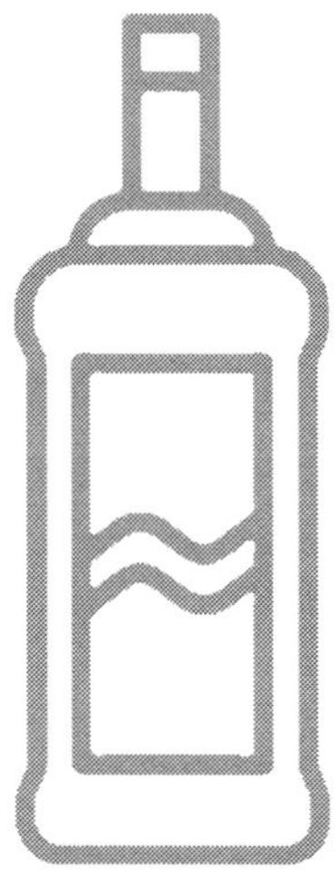

Manhattan

Zeit: 4 Minuten | Menge: 1 Glas

Zutaten:

- 4 cl Whiskey
- 2 Spritzer Angostura
- 2 cl Vermouth Rosso
- Cocktailkirsche
- Eiswürfel

Zubereitung:

1. Alle Zutaten, außer Kirsche, in ein Glas geben und zusammen mit den Eiswürfeln gut verrühren.
2. Jetzt Gemisch durch ein Sieb abseihen und in ein Cocktailglas geben.
3. Die Kirsche hineinlegen und nochmal vorsichtig rühren.

Scotch Apple

Zeit: 5 Minuten | Menge: 1 Glas

Zutaten:

- 4 cl Scotch Whiskey
- 2 cl Calvados
- 2 cl Zitronensaft
- 1 cl Zuckersirup
- Kirsche / Zitrone / Apfel (Garnitur)
- Eiswürfel

Zubereitung:

1. Eiswürfel in einen Shaker geben und auch alle anderen Zutaten hinzufügen. Alles gut schütteln.
2. Jetzt in ein Glas, oder Tumbler, nochmals ein paar Eiswürfel geben und Mischung dort hinein abseihen.
3. Nach Belieben mit Cocktailkirsche, Zitronenscheibe oder auch Apfelschale garnieren.

Sazaerac

Zeit: 6 Minuten | Menge: 1 Glas

Zutaten:

- 5 cl Rye Whiskey
- 1 Zuckerwürfel
- 1 cl Absinth
- 2 Spritzer Bitter
- Eiswürfel

Zubereitung:

1. Glas innen mit Absinth benetzen und mit Eiswürfeln auffüllen.
2. Jetzt Whiskey und Bitter über ein separates Gefäß mit Eis geben. Und vorsichtig verrühren.
3. Eis und Absinth aus dem ersten Glas schütteln und die neue Mischung hineinseihen.

Scotch Whiskey Flip

Zeit: 4 Minuten | Menge: 1 Glas

Zutaten:

- 5 cl Scotch Whiskey
- 1 cl Zuckersirup
- 2 cl Sahne
- Eigelb
- Muskat
- Eiswürfel

Zubereitung:

1. Alle Zutaten in einen Shaker geben (dieser sollte mit Eiswürfeln befüllt sein) und gut schütteln.
2. Im Anschluss alles in ein Glas (Flip- oder Sektglas) seihen.
3. Nach Belieben mit Muskat bestreuen.

Lafayette

Zeit: 3 Minuten | Menge: 1 Glas

Zutaten:

- 9 cl Rye Whiskey
- 1,5 cl süßer Vermouth
- 1,5 cl roter Wein (süß)
- 3 Spritzer Bitter
- Orangenschale
- Eiswürfel

Zubereitung:

1. Alles Zutaten, zusammen mit den Eiswürfeln, gut verrühren und in ein geeignetes Glas abseihen.
2. Zur Garnitur kann eine Orangeschale verwendet werden.

Wein und andere Alkohole

Bishop

Zeit: 5 Minuten | Menge: 1 Glas

Zutaten:

- 10 cl Rotwein (z.B. Spätburgunder)
- 2 Barlöffel Jamaika Rum
- 1 Barlöffel Puderzucker
- 6 cl Wasser
- 2 Scheiben Zitrone
- Eiswürfel

Zubereitung:

1. Zuerst ein Weinglas gut kühlen. Am besten in einem bauchigen Gefäß.
2. Alle Zutaten zusammen in einen Shaker geben und sehr kräftig schütteln.
3. Den Cocktail zweimal abseihen, damit keine Rückstände des Zuckers zurückbleiben.
4. Mit der Zitronenscheibe granieren.

Cardinal

Zeit: 2 Minuten | Menge: 1 Glas

Zutaten:

- 12 cl Dornfelder (halbtrocken)
- 1 cl Johannisbeerenlikör (ca. 16 %)
- Eiswürfel

Zubereitung:

1. Wein und Likör in ein Glas schütteln und alles gut verrühren.
2. Eiswürfel können nach Belieben hinzugegeben werden, sind aber kein Muss.
3. Zur Garnitur eignet sich eine Orangenspalte.

Cold Duck

Zeit: 2 Minuten | Menge: 1 Glas

Zutaten:

- 5 cl Riesling Sekt (trocken)
- 5 cl Riesling (trocken)
- Zitronenscheibe
- Eiswürfel

Zubereitung:

1. Dieser Cocktail ist schnell gemacht: Beide Alkoholsorten mischen und vorsichtig verrühren.
2. Das Glas kann bei Belieben mit einer Zitronenscheibe garniert und Eiswürfel hinzugefügt werden!

Ritz

Zeit: 2 Minuten | Menge: 1 Glas

Zutaten:

- 2 cl Cognac
- Champagner
- 2 cl Coinstreau
- 2 cl Orangensaft
- Eiswürfel

Zubereitung:

1. Eiswürfel und Zutaten, bis auf den Champagner, in einen Shaker geben und schütteln.
2. Alles in eine Cocktailschale schütten und dann mit Champagner begießen.

Champagner Cocktail

Zeit: 3 Minuten | Menge: 1 Glas

Zutaten:

- Champagner
- 2,5 cl Cognac
- 2 Spritzer Angostura
- Würfelzucker

Zubereitung:

1. Den Würfelzucker zuerst mit Angostura tränken. Dies sollte möglichst in einem Champagnerkelch erfolgen.
2. Danach Cognac hinzufügen und langsam mit Champagner auffüllen.

Sir Henry

Zeit: 3 Minuten | Menge: 1 Glas

Zutaten:

- Sekt
- 3 cl Orangensaft
- 2 cl Pfirsichlikör
- 3 cl Calvados
- Eiswürfel

Zubereitung:

1. Zutaten, außer den Sekt, in einen mit Eiswürfel befüllten Shaker geben und gut schütteln.
2. Mischung in ein Glas geben mit einer beliebigen Menge Sekt auffüllen.

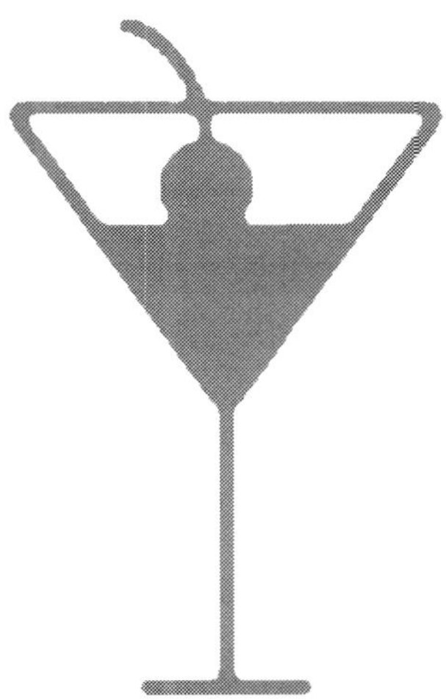

Champagner Flip

Zeit: 4 Minuten | Menge: 1 Glas

Zutaten:

- Champagner
- 1 cl Cognac
- 4 cl Weißwein
- 1 cl Zuckersirup
- Eigelb
- 2 cl Sahne
- Eiswürfel

Zubereitung:

1. Alles, außer Champagner, sehr kräftig in einem Shaker schütteln.
2. Im Anschluss in ein Kelchglas seihen und mit Champagner aufgießen.

Sparkling Strawberry

Zeit: 4 Minuten | Menge: 1 Glas

Zutaten:

- Champagner
- 2 cl Erdbeerlikör
- 2 cl Cognac
- 4 cl Ananassaft
- Erdbeere

Zubereitung:

1. Zutaten, außer Champagner in den Shaker geben und gut schütteln.
2. Dann in einen Kelch seihen und mit Champagner auffüllen.
3. Zur Dekoration eignet sich eine Erdbeere auf dem Rand besonders gut.

Kir Royal

Zeit: 2 Minuten | Menge: 1 Glas

Zutaten:

- Champagner
- 2 cl Cassis
- Eiswürfel

Zubereitung:

1. Cassis gut abmessen und ein geeignetes Glas schütteln (am besten Kelchglas).
2. Dieses mit Champagner auffüllen und bei Belieben mit Eiswürfeln servieren.

Airattack

Zeit: 5 Minuten | Menge: 1 Glas

Zutaten:

- 4 cl Sekt
- 2 cl Brandy
- 5 cl Absinth
- 2 cl White Peach
- 6 cl Kirschsaft
- 3 cl Gin
- 3 cl Calvados
- Eiswürfel

Zubereitung:

1. Alle Zutaten gut abmessen und ohne Sekt in den Shaker geben. Eiswürfel nicht vergessen.
2. Diesen sehr gut schütteln und die Mischung in ein Longdrinkglas, gefüllt mit Eiswürfeln, seihen.
3. Jetzt den Sekt aufgießen und genießen!

Gemixte Cocktails

Macarena Cocktail

Zeit: 3 Minuten | Menge: 1 Glas

Zutaten:

- 2 cl weißer Rum
- 2 cl Gin
- 3 cl Schnaps (20 %)
- 1 cl Grenadine
- 1 cl Limettensaft
- 12 cl Ananassaft
- Eiswürfel

Zubereitung:

1. Alle gut abgemessenen Zutaten in den Shaker füllen und gut schütteln.
2. In ein Glas abseihen und mit Eiswürfeln sofort servieren.

Long Island IceTea

Zeit: 6 Minuten | Menge: 1 Glas

Zutaten:

- 2 cl Tequila
- 2 cl Gin
- 2 cl Cointreau
- 2 cl Wodka
- 2 cl Rum
- 4 cl Zitronensaft
- etwas Cola
- Eiswürfel

Zubereitung:

1. Alle alkoholischen Komponenten und den Zitronensaft mit Eis in einem Shaker gut schütteln.
2. Ein Glas mit Eiswürfel füllen und mit ein wenig Zitronensaft und Rum begießen.
3. Danach Mischung des Shakers in das bereitgestellte Glas seihen. Mit Cola weiter auffüllen, wenn gewünscht.

Swimming Pool

Zeit: 4 Minuten | Menge: 1 Glas

Zutaten:

- 2 cl Wodka
- 4 cl weißer Rum
- 1 cl Blue Curacao
- 2 cl Kokoscreme
- 1 cl Sahne
- 4 cl Ananassaft
- Ananas (Garnierung)
- Eiswürfel

Zubereitung:

1. Ein Glas mit Eis füllen.
2. Jetzt Zutaten in einen Mixer füllen und mixen, bis sich Schaum gebildet hat.
3. Das Gemisch jetzt in das Glas geben und vorsichtig verrühren.
4. Das Glas kann mit einer Ananas dekoriert und mit einem Trinkhalm optisch verfeinert werden.

Kamikaze

Zeit: 4 Minuten | Menge: 1 Glas

Zutaten:

- 2 cl Curacao Triple Sec
- 2 cl Wodka
- 2 cl Lime Juice
- Limette (Garnierung)
- Eiswürfel

Zubereitung:

1. Eiswürfel in einen Shaker geben und Zutaten ebenfalls hinzu.
2. Diesen kraftvoll schütteln und Gemisch in ein gut gekühltes Glas abseihen.
3. Zur Garnierung kann auf den Rand des Glases eine Limettenscheibe gesteckt werden.

Absinth Kamikaze

Zeit: 5 Minuten | Menge: 1 Glas

Zutaten:

- 1 cl Absinth
- 1 cl Bourbon Whiskey
- 1 cl Dry Gin
- 1 cl Cointreau
- 1 cl Grenadine
- 1 cl brauner Rum
- 1 cl Tequila
- 1 cl Wodka

Zubereitung:

1. Alle Zutaten, außer Absinth, in ein Glas schütten und gut verrühren.
2. Jetzt alles durch ein Barsieb in ein Glas abseihen.
3. Nun den Absinth über die Löffelrückseite am Rand des Glases hinab laufen lassen.
4. Ein besonderes Highlight entsteht, wenn der Absinth nun angezündet wird.

American Sea

Zeit: 3 Minuten | Menge: 1 Glas

Zutaten:

- 2 cl Cognac
- 2 cl Vermouth Dry
- 1 cl Creme de Menthe (grün)
- 3 cl Orangensaft
- Eiswürfel

Zubereitung:

1. Alles in einen mit Eiswürfeln befüllten Shaker geben und gut schütteln.
2. Dann ein Cocktail bereitstellen und die Mischung in dieses abseihen und schon genießen.

Rolls Royce

Zeit: 4 Minuten | Menge: 1 Glas

Zutaten:

- 3 cl Cointreau
- 3 cl Cognac
- 1 Eiweiß
- 6 cl Orangensaft
- Cocktailkirsche
- Eiswürfel

Zubereitung:

1. Eiswürfel in einen Shaker geben und alle Zutaten hinzugeben.
2. Alles kräftig schütteln und Inhalt in ein Glas abseihen.
3. Nach Wunsch kann in den Cocktail auch eine Cocktailkirsche gelegt werden.

Between the Sheets

Zeit: 4 Minuten | Menge: 1 Glas

Zutaten:

- 2 cl Cognac
- 1 cl weißer Rum
- 1 cl Zitronensaft
- 2 cl Cointreau
- Eiswürfel

Zubereitung:

1. Zutaten mit Eiswürfeln in Shaker geben und diesen sehr kräftig schütteln.
2. Jetzt die gesamte Mischung in ein Glas abseihen.
3. Bei Belieben kann auch eine Cocktailkirsche hinzugefügt werden.

French Connection

Zeit: 2 Minuten | Menge: 1 Glas

Zutaten:

- 3 cl Amaretto
- 3 cl Cognac
- Eiswürfel

Zubereitung:

1. Am besten gelingt der Cocktail, wenn dieser direkt in einem Old-Fahioned-Glas gemixt wird.
2. Einfach die zwei Zutaten in ein ausgesuchtes Glas gießen und zusammen in 2 – 3 Eiswürfeln verrühren.

Negroni

Zeit: 3 Minuten | Menge: 1 Glas

Zutaten:

- 3 cl Campari
- 3 cl Vermouth Rosso
- 3 cl Gin
- Orange
- Eiswürfel

Zubereitung:

1. Alle Zutaten in einen Tumbler gießen und ausreichend verrühren.
2. Kurz ein kleines Stück Orange ausdrücken und diese am besten mit ins Glas legen.

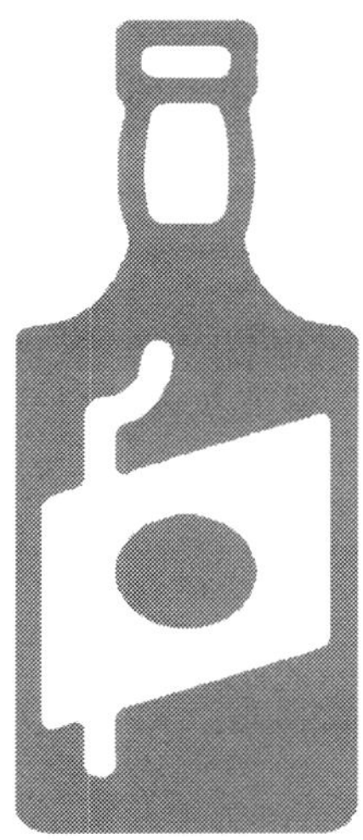

Rosalita

Zeit: 2 Minuten | Menge: 1 Glas

Zutaten:

- 3 cl Tequila
- 1 cl Campari
- 2 cl Vermouth Dry
- Eiswürfel

Zubereitung:

1. Die abgemessenen Zutaten in den Shaker füllen und diesen kraftvoll schütteln.
2. Zum Schluss in ein geeignetes Glas abseihen.

Silver Campari

Zeit: 4 Minuten | Menge: 1 Glas

Zutaten:

- 6 cl Sekt
- 2 cl Gin
- 2 cl Campari
- 1 cl Zuckersirup
- Zitronenschale
- Eiswürfel

Zubereitung:

1. Den Shaker mit Eiswürfeln befüllen und alle Zutaten, außer Sekt, hineingeben.
2. Jetzt kraftvoll schütteln und ins Longdrinkglas durch ein Barsieb abseihen.
3. Die Mischung mit Sekt auffüllen.
4. Cocktail mit Zitronenschale abspritzen.

Numero Uno

Zeit: 3 Minuten | Menge: 1 Glas

Zutaten:

- 3 cl Amaretto
- 3 cl Tequila
- 6 cl Sahne
- Eiswürfel

Zubereitung:

1. Einen bereitgestellten Shaker mit ein paar Eiswürfeln befüllen.
2. Alle Zutaten hineingeben, gut schütteln, in ein passendes Glas abseihen und sofort genießen.

Zorro

Zeit: 5 Minuten | Menge: 1 Glas

Zutaten:

- 2 cl Cointreau
- 1 cl Curacao Blue
- 4 cl Tequila
- etwas Tonic
- 4 cl Grapefruitsaft
- Orangenscheibe / Cocktailkirsche (Garnierung)
- Eiswürfel

Zubereitung:

1. Eiswürfel in einen Shaker füllen und alle Zutaten, außer Tonic, in ebendiesen füllen.
2. Die Mischung jetzt in ein Longdrinkglas abseihen, welches schon mit Eiswürfeln gefüllt ist.
3. Im Anschluss alles mit Tonic aufgießen.
4. Mit einer Cocktailkirsche oder einer Orangenscheibe garnieren.

Springtime

Zeit: 3 Minuten | Menge: 1 Glas

Zutaten:

- 4 cl Wodka
- 6 cl Orangensaft
- 2 cl Cointreau
- Orangenscheibe (Garnierung)
- Eiswürfel

Zubereitung:

1. Alles in einen Shaker füllen und gut schütteln.
2. Das Gemisch in einen Tumbler abseihen, der bereits mit Eiswürfeln gefüllt ist.
3. Zum Schluss mit einer Orangenscheibe am Rand des Glases garnieren.

Alkoholfreie Cocktails

Peach Tea Club

Zeit: 5 Minuten | Menge: 1 Glas

Zutaten:

- 2 cl frischer Limettensaft
- 1 Glas Eistee (Pfirsich)
- 1 Limettenscheibe
- ein paar Stückchen Pfirsich
- Eiswürfel

Zubereitung:

1. Eine beliebige Menge Eiswürfel in ein Glas schütten.
2. Jetzt Limettensaft und Tee dazugeben und alles vorsichtig verrühren.
3. Nun den zerkleinerten Pfirsich darauflegen und eine Limettenscheibe an den Rand stecken.
4. Mit Löffel und einem Trinkhalm servieren.

Erdbeer Tonic

Zeit: 4 Minuten | Menge: 1 Glas

Zutaten:

- 8 cl Tonic
- 4 cl Erdbeersirup
- 2 cl frischer Zitronensaft
- ein paar Erdbeeren
- Eiswürfel

Zubereitung:

1. Den Erdbeersirup und den Saft der Zitrone in das Longdrinkglas geben, welches schon mit Eiswürfeln gefüllt wurde.
2. Jetzt ein paar Erdbeeren in das Glas legen, mit Tonic strecken und nochmal vorsichtig verrühren.

Summer Delight

Zeit: 5 Minuten | Menge: 1 Glas

Zutaten:

- 2 cl Himbeersirup
- 2 cl Limettensaft
- 2 Limettenscheiben
- 4 Himbeeren
- etwas Sodawasser
- Eiswürfel

Zubereitung:

1. Eiswürfel ins Longdrinkglas füllen und mit Himbeersirup und Limettensaft übergießen.
2. Dann die Mischung mit Sodawassser auffüllen und gut verrühren.
3. Jetzt die Himbeeren in das Glas legen und auf den Rand des Glases eine Limettenscheibe stecken.

Honig Flip

Zeit: 4 Minuten | Menge: 1 Glas

Zutaten:

- 2 cl schwarzer Johannisbeersaft
- 1 Eigelb
- 1 Barlöffel Honig
- 20 cl Milch
- Rispe der Johannisbeere
- Eiswürfel

Zubereitung:

1. Alle Zutaten abmessen und in einen Shaker geben, der bereits mit Eiswürfeln gefüllt ist.
2. Diesen gut schütteln und die fertige Mischung in das Longdrinkglas seihen.
3. Zur Dekoration die Johannisbeerrispe an den Rand des Glases aufhängen.

Refresher

Zeit: 4 Minuten | Menge: 1 Glas

Zutaten:

- 4 cl Birnensaft
- 4 cl Aprikosensaft
- 4 cl Orangensaft
- 4 cl Kiwisaft
- 1 Physalis
- 1 Orangenscheibe
- 1 Kiwischeibe
- Eiswürfel

Zubereitung:

1. Glas mit Eiswürfeln füllen, Zutaten hineingeben und alles vorsichtig verrühren.
2. Dann in Cocktailglas abseihen und mit Obst garnieren.

Maracas

Zeit: 3 Minuten | Menge: 1 Glas

Zutaten:

- 4 cl Grapefruitsaft
- 4 cl Orangensaft
- 4 cl Ananassaft
- 2 cl Maracujasirup
- 2 cl Zitronensaft
- Karambolenscheibe
- Eiswürfel

Zubereitung:

1. Die gesamten Zutaten mit Eiswürfeln gut shaken.
2. Dann in das Longdrinkglas abseihen und mit Karambolascheibe garnieren.

Göttertrunk

Zeit: 3 Minuten | Menge: 1 Glas

Zutaten:

- 8 cl Kirschsaft
- 4 cl Orangensaft
- 1 Eigelb
- 2 cl Zuckersirup
- Orangenscheibe (Garnierung)
- Eiswürfel

Zubereitung:

1. Zutaten kurz in einem Shaker schütteln.
2. In ein Glas abseihen, welches mit ein paar Eiswürfeln gefüllt ist.
3. Zur Garnierung eine Scheibe Orange an den Rand des Glases stecken.

Aztekenfeuer

Zeit: 4 Minuten | Menge: 1 Glas

Zutaten:

- 12 cl Kaffee (kalt)
- 3 Kugeln Vanilleeis
- Zimt
- Prise Kakaopulver

Zubereitung:

1. Kaffee, Eis und Kakaopulver in ein Glas geben und langsam verrühren.
2. Zum Abschluss den Zimt darüber streuen und sofort genießen.

Schoko-Orangen-Cocktail

Zeit: 5 Minuten | Menge: 1 Glas

Zutaten:

- 2 cl Orangensirup
- 2 cl Schokoladensirup
- 2 Kugeln Vanilleeis
- 2 EL Sahne (steif geschlagen)
- Milch
- Schokoladenraspeln
- ¼ Orangenscheibe

Zubereitung:

1. Sirup und Eis in einen Tumbler geben und gut verquirlen.
2. Jetzt mit Milch auffüllen und abermals vorsichtig verrühren.
3. Dem Cocktail die Sahne aufsetzen und mit Orange und Schokoladenraspeln dekorieren.

Johannisbeer-Orangen-Margaria

Zeit: 5 Minuten | Menge: 1 Glas

Zutaten:

- 6 cl Johannisbeersaft
- 10 cl Orangensaft
- 2 cl Zitronensaft
- Eiswürfel

Zubereitung:

1. Zutaten abmessen und mixen. Wenn vorhanden, macht sich ein Mixer am besten.
2. Alles in ein gut gekühltes Glas gießen und servieren.

Haftungsausschluss

Dieses Buch enthält Meinungen und Ideen der Autorin und beabsichtigt den Lesern informatives und hilfreiches Wissen mit einem Unterhaltungscharakter zu vermitteln. Die enthaltenen Anleitungen und Strategien passen möglicherweise nicht zu jedem Leser, und es gibt keine Garantie dafür, dass sie auch wirklich bei jedem funktionieren. Die Benutzung dieses Buchs und die Umsetzung der darin ausgearbeiteten Informationen / Rezepte erfolgt ausdrücklich in eigener Verantwortung und Risiko. Das Werk, inklusive aller Inhalte, gewährt keine Gewähr oder Garantie für Korrektheit, Vollständigkeit, Qualität oder Aktualität der zur Verfügung gestellten Informationen. Fehlinformationen und Druckfehler sind nicht vollständig auszuschließen.

Impressum

c/o Charles Henry

impressumservice.net

Robert-Preußler-Straße 13 / TOP 1

5020 Salzburg

AT – Österreich

dibookspace@gmail.com

Cover Oliviaprodesign Fiverr

Cover Picture: Blinovita Depositphotos

14208477R10066

Printed in Germany
by Amazon Distribution
GmbH, Leipzig